행복한 지리산

농심 네 번째 시집

도서출판 북매니저 Book Manager

행복한 지리산

ⓒ 오점록 2024

초판1쇄 인쇄 2024년 10월 24일
초판1쇄 발행 2024년 10월 25일

글쓴이 오점록

펴낸이 김희진

펴낸곳 도서출판 Book Manager   주소 전주시 완산구 메너머 4길 25-6
전화 (063) 226.4321   팩스 (063) 226.4330

전자우편 102030@hanmail.net

출판등록 제1998-000007호

ISBN 979-11-94372-04-2(03810)
값 15,000원

· 잘못된 책은 바꿔드립니다.
· 이 책의 저작권은 저자와 북매니저에 있습니다.
· 작품의 무단 복제 및 전재를 금합니다.
· 2024년 지역문화재능기금을 지원받았습니다.

행복한
지리산

시인의 말

세상이 변한 만큼 나 또한 많이 변했다.
옛 직장과 시골 여가생활을 하면서 틈틈이 써왔던 글들이다

모든 글은 미완성을 전제하고 싶다
어느 글이 독자와 공감할 수 있거나 자랑스럽게 상재 할
글도 아니다.
다양한 사회 속 숱한 생각들은 다양성으로 독자에게 몫을
드리고 싶다.
필자의 글에서 몇 편 또는 몇 줄이라도 공감할 수 있다면
위안을 삼고 무지는 용기를 부른다

오랜지기로 모셨던 이광녕 박사, 출판사 "공익사"에
감사드리며 문화 예술 지원금의 출판은 필자의 영광이다.

"행복한 지리산"
지리산은 모두의 어머니 산이다. 끝없는 사랑이다
필자 어머니의 그 사랑에 머리 숙인다

목차

시인의 말 • 5

/제1부/

빛과 그림자 …………………………… 14
앵두 …………………………………… 15
술잔, 그리고 사람 …………………… 16
그것이 참 좋다 ……………………… 17
유전자 ………………………………… 18
새만금의 꿈 …………………………… 19
요천 벚꽃 터널 둑방 길을 걷습니다. …………… 20
빙판의 이름이여 ……………………… 21
향불 …………………………………… 22
봄의 빗소리 …………………………… 23
할머니의 짐 …………………………… 24
귀은종파 터를 세우다 ………………… 25
낙엽진 그 이후……. ………………… 26
교룡산 ………………………………… 27
정령치 억새 …………………………… 28
엇박자 세상 …………………………… 29
폭우탄暴雨彈 ………………………… 30

/제2부/

하나 둘 별을 헤아리며 …………………………… 32
돌풍突風 …………………………………………… 33
지리산에서…… ……………………………………… 34
이작도二鵲島 뱃길 …………………………………… 35
봉화산 철쭉 ………………………………………… 36
용궁사龍宮寺 ………………………………………… 37
단종의 설움 ………………………………………… 38
세상사 ……………………………………………… 39
전등사 ……………………………………………… 40
억새풀 ……………………………………………… 41
장마 ………………………………………………… 42
포기로 남고 싶다 …………………………………… 43
빗속에서 …………………………………………… 44
참 마음 ……………………………………………… 45
한잔의 차 향기 ……………………………………… 46
양지바른 길목 ……………………………………… 47
병아리 가족 ………………………………………… 48

| 목차 |

/제3부/

행복한 지리산 …… 50
복 짓는 것이다 …… 51
좋은 친구 …… 52
자매 …… 53
국악 한마당 …… 54
인생사 …… 55
무늬 글쟁이 …… 56
매헌 윤봉길 의사 …… 57
눈 내리는 건대역 …… 58
간월도 …… 59
산딸기 …… 60
단풍丹楓 …… 61
해미읍성 호야나무 …… 62
첫 돌 …… 63
이 마음 어쩌랴 …… 64
일림산 철쭉 …… 65
좋아지고 싶습니다. …… 66
굴레 …… 67
월출산 천황봉 …… 68

/제4부/

시월은 어디로가나 ·· 70
꺽지나 마오 ·· 71
동백화冬栢花 ··· 72
소백산을 깨운다 ··· 73
소소한 행복 ·· 74
날 좋아할 수 있다면 ··································· 75
송골송골 땀방울 ··· 76
하이디하우스haidei house ···························· 77
지리산의 예찬 ··· 78
산다는 것은 ·· 79
사랑을 줍자 ·· 80
시월을 만나서 ··· 81
볼륨, 높이고 싶었다 ··································· 82
설악산 ··· 83
출렁다리 ··· 84
산죽 ·· 85
그렇다! 사는 것이 ······································· 86

목차

/제5부/

희망사항 ·· 88
한 사람쯤 있으면 ································· 89
살아가는 이야기 ································· 90
태백산에서 ·· 91
반듯하게 걸어라 ································· 92
새해의 꿈 ·· 93
사모하는 꽃 ·· 94
묵은 간장 ·· 95
사랑의 화선지 ······································ 96
양수리에서 만나 ································· 97
어쩌면 좋아 ·· 98
졸업을 하는데 ······································ 99
향일암 ··· 100
들꽃을 꺾었습니다. ··························· 101
팽이 ··· 102
심통이 났어요 ···································· 103
폭포수 ··· 104
철새의 둥지 ······································· 105
들판에 신사 ······································· 106

/제6부/

바람둥이 태풍 …………………………………… 108
비 님이시어! ……………………………………… 109
소백산의 별밤 …………………………………… 110
백년가약 …………………………………………… 111
대청봉大青峰 ……………………………………… 112
침묵으로 보다 …………………………………… 113
미움의 언저리 …………………………………… 114
내 고향은 소완도 ……………………………… 115
내가 아니면 안 된다 …………………………… 116
그대위한 공간을 ………………………………… 117
야생화野生花 ……………………………………… 118
가로수의 하소연 ………………………………… 119
지리산 맘껏 날고 싶다 ………………………… 120
교육은 새롭다 …………………………………… 121
관악산 가오리다 ………………………………… 122
목욕탕에서 흔적 지우기 ……………………… 123
목욕탕은 천국이다 ……………………………… 124

11

— 목차 —

/제7부/

그게 참 좋겠다 …………………………… 126
애꿎은 아이들 핑계 ……………………… 127
아름다운 사람은 ………………………… 128
첫 눈 ……………………………………… 129
두타산 아침 ……………………………… 130
나물 캐는 봄 처녀 ……………………… 131
낙엽·1 …………………………………… 132
낙엽·2 …………………………………… 133
낙엽·3 …………………………………… 134
장미꽃 …………………………………… 135
정월 대보름 ……………………………… 136
설 까치 …………………………………… 137
넋두리 …………………………………… 138
아가씨! 힘내세요 ………………………… 139
소중한 책 한 권 ………………………… 140
누나가 좋아요 …………………………… 141
기다림의 전화 …………………………… 142

시평
지리산 정기를 이어받은 깨달음의 순수 미학 ……… 144
　　이광녕(문학박사, 문예창작지도교수)

/ 제1부 /

잘난척을 못합니다
울퉁불퉁 방정치 못하여
제 멋대로인 홍로 사과
타고난 유전자랍니다

둥글둥글 아담하여
보기에 예쁘고 아담한 모습이라면

빛과 그림자

할 말이 많을수록 실언이 따름이고
할 말을 줄인다면 감칠맛 없어한다
달콤한 수많은 말은 큰 실망을 키운다

참됨의 깊은 관심 간섭이 될 수 있고
배려는 그 보물과 비교를 할 수 없어
본질적 예쁜 미소로 최고의 사랑이다

취사의 선택들은 당당한 선택이며
시행후 결과물에 연연한 남의 탓은
창피한 자기도피 남의탓 변명인가
그렇다 선택한 것이 본인이니 본인탓

앵두

동글동글한
담장 곁 빨간 앵두
유월의 따가운 햇살 받아
투명하여 터질 듯 붉은 입술이
너무 앙증스러워
애리애리한 살빛들이
곱디고와서 영롱하여라
터질 것만 같은 열정
담금질하는 마음이다

속살은 보일 듯 말듯
빨갛게 숙성이 잘되었으니
달콤한 맛
나비와 벌들은
앵두나무 주변을 빙빙돌면서
추파 속 떠나지 못하고
탱글탱글 동그란 앵두에게
천연덕스러운 날갯짓
한껏 뽐을 내는 앵두로다

술잔, 그리고 사람

술잔이 참 좋다
세상을 살다 보면 술잔처럼
삶이 넘실대기도
삶이 부족하기도
저마다 생각이 다양한 잣대 속
산다는 건 생방송
오르막 내리막 사람들

술잔은 참 좋다
사람들의 인생을 아는 것이라
투정 없이 맘 달래주면서
추임새로 흥을 돋우며
때로는 허기를 채워주는
한 두 잔의 곡차
밝고 즐거운 세상이 좋아라

그것이 참 좋다

그것이 참 좋다
과잉 친절은 오랜지기인 듯
두 소매 걷는 용기로
그는 온갖 정열을 쏟으면서
낯선 내 육신을
요리조리 뒤적여 살피고
꼼꼼이 챙기니
서로는 잘되길 빈다

지식이 참 좋다
눈곱만큼 한 티끌 인연도
안면도 없는 사람이기에
신뢰의 아쉬움 속
의료 비용은 당연한 것
내게 그는 최선을 다하였으니
침묵으로 감사하고
환자는 의술을 믿는 의지로
서로가 잘되길 빈다

유전자

잘난척을 못합니다
울퉁불퉁 방정치 못하여
제 멋대로인 홍로 사과
타고난 유전자랍니다

둥글둥글 아담하여
보기에 예쁘고 아담한 모습이라면
어깨도 으쓱으쓱
큰소리도 뻥뻥 칠 것입니다

허나, 속 살을 보면
침샘이 솟고 아삭아삭한 식감은
단점만 있는 게 아닌
조상님!
참말로 맛이 너무 좋습니다.

새만금의 꿈

섬과 섬
남북을 잇고 동서를 잇는 방조제
긴 세월 속
한반도를 바꾼 대역사
바다는 광활한 옥토

군산에서 장항
충청을 관통하는 바닷길
출렁이던 뱃길
바다의 망망한 물결들은
육지로 어우러지고

나라의 번영을 깨우려
오고 가는 경계를 일탈하여
어우렁 더우렁
만금의 바다가 큰 희망으로
새만금은 꿈을 키워간다

요천 벚꽃 터널 둑방 길을 걷습니다.

화사한 봄 햇살에
온 몸은 촉촉해지는가
화색이 도는 얼굴에
그윽한 눈빛
관심 주는 수많은 사람들
물이 가득 올랐다
봉긋봉긋 피었다며
수다가 작난이 아니다

귀 간지러운 수군수군
방긋방긋 입가에 퍼지는 미소
요천수 바람에 물소리
사분사분 어깨춤은
눈부신 신부의 드레스인가
자지러지는 탄성
화려한 벚꽃 터널입니다.

빙판의 이름이여

4분 09초 498
심금心琴은 횃불처럼 금맥을 캤구나
자랑스러운 3000m 빙판계주
낭자들이여! 가슴에 태극마크 달고
"쇼트트랙" 발음도 안되는데
너희들은 빙판에 우뚝 섰구나

앞서거니 뒤서거니
덩달아 약이 오른 내 허벅지
아스라한 번지점프 난간이듯
바람에 촛불 일렁이듯
긴장 속, 반 바퀴의 일등 추월은
2014 소치 동계 올림픽
금메달보다 자긍심이라

큰일을 해 냈으니 어찌
그 이름을 부르고 싶지 않으랴
박승희, 조해리, 김아랑, 심석희, 공상정.
참으로 장하다
대한민국을 달래는구나

향불

너울 너울대며 오른다
불씨 한 점
꽃처럼 피어나는 향
잦아드는 높이
영적인 정화를 위하여
손길 닿지 않는 조밀한 곳
음전한 곳까지
곳곳에 스며드는 향
마음속까지 파고든다

사람과 사람들
수수 백백만의 인연들과
생각의 다름 속
가느다란 몸에서
자기를 희생하는 우람한 큰 뜻
사람을 가리지 않으며
가늘고 키가 작은 몸매
향불은 당신을 사랑합니다.

봄의 빗소리

오금공원에 봄이 살아난다
못내 아쉬운 겨울 속
숨죽이며 웅크리던 봄비
마음 다칠까
가만가만 내리는 비

방문을 조심스레 노크하듯
똑 ~ 똑 ~
토닥이는 빗소리 낭낭하여
가슴 언저리에도
봄이 오고 있음이라

대지를 적시는 비
우산을 펴듯 기지개 켠다
촉촉한 입맞춤
냉기어린 흙 속을 풀어 준다
여느 악기로 흉내 할까
정겨운 빗소리

할머니의 짐

꼬부랑 할미꽃
아려오고 저려 오는 무릎
삐그덕이는 어깨 통증
몸이 녹이 슬었는지
지탱하던 무릎이 낡은 탓일까
자꾸만 버거워 진다

큰 돌을 올려 놓은 듯
보이지 않는 물체
농삿 일에 쉼 없이 달려온 무게일까
빗기지 못한 청춘의 짐
아님, 흐릿한 날씨 탓일까

펴지도 못하는 중심축
잔뜩 휘어져
버거워서 혼자는 감당 못하고
부리지도 못하는 짐
직업병에 시달리는 노구로다

귀은종파 터를 세우다

남쪽에는 어머니의 지리산
서쪽에는 여유로운 덕유산
동쪽은 옥토의 젖줄 저수지
바람이 쉬어가고 산새도 쉬어가는
산자수명 청계리 탕곡
선친들의 청정한 마음이어라

어느 문안보다 반 발짝 앞선
선각자의 큰 뜻
흩어져 계시던 선조님들
한 울안에 음향飮饗토록 모시니
큰 기쁨이어라

귀은공께서 단종폐위에
세조와 다른 생각에 운봉에 귀은歸隱
청계리 종파는
선조의 은덕으로 묘원을 조성하고
그 후손은 감읍하니
복덕이 어찌 아니하리야

낙엽진 그 이후…….

한세월
그를 무척이나 좋아하였다
늘 푸르던 잎새들
생각만 하여도
곁에만 있어도
하늘을 날을 것만 같은 마음
항상
그는 내 곁에
머물러 줄 것이라 믿었다

누구와도 견줄 수 없고
세상 모두를 얻은 것 마냥
유산소를 챙기면서
늘상 보아도 푸르게 푸르게
움푹파인 보조개 웃음으로
앙증스런 손 흔들고
시샘이 부담스러웠던 푸른 잎새
황량한 바람은
우두커니 대장군을 만든다

교룡산

찐~ 한 묵향墨香에
뭉턱
벼루에다 붓을 담궈 본다

교
룡
산

나무,
풀, 새, 바람
시민들과 어우러지니

피어나는 남원
붓,
화선지에서 묵향은 노닌다

정령치 억새

산등성이 은빛 억새
하늘이 높은 가을이던가
우아하지도
초라하지도
돋보이는 강직한 기품
억새밭 군락지
맘이 올곧은 순백의 억새

가을 하늬 바람에
농익어 출렁이는 늦은 가을
은빛 억새들이
향기를 가슴에 가득 담아
저 푸른 하늘에
눈꽃 날리는 늦은 가을에
억새는 옷을 벗는다

엇박자 세상

살아 가는 입장들은
식구들도 저마다의 방식
다양한 잣대들
식사 시간도 엇박자 되는 세상
식사라는 즐거움도
빛바랜지 오래된 맛이라
그리웁다 옛 농경農耕사회

쉼터에 돌아오면
가족이라는 오붓함을 잃고
혼자인 듯
외롭게 허기를 채우며
신문화에 길들여
익숙한 혼식이라는 단어다

서로가 출퇴근이 다르고
어쩌다가 함께 밥을 먹으면
서먹서먹 멋없는
"요구 사항으로 부탁할 뿐,"
잔뜩 무겁게 흐르는 침묵
신문화의 식탁이다

폭우탄暴雨彈

어둠은 짙어져
시야는 멀어지는 주변
무게들을 이기지 못하는 충돌
번쩍 번쩍이는 뇌성
공격을 위한
예광탄으로 불을 밝히며
목표를 향하여
폭우탄을 집중으로 퍼부어
국지전이 일고 있다

무엇이 잘못된 것일까
당초 무엇이 잘못한 것일까
골 골 골에 이는 바람
진하게 메우는 코 끗
가지런히 늘어서 숨죽인 풀들
물안개 오르던 풍천
인근동 사람들에게
자연재해 체험하라는
체험의 훈련, 담금질한다

/ 제2부 /

펑펑 바람을 억수로 넣으며
언제 어느날
마냥 좋다고 하더니만
또 어느 땐
시큰둥 바람을 빼더니
그냥 관심이 없답니다

하나 둘 별을 헤아리며

세상천지는 드넓다
넓고 넓은세상
이내 몸은 쉴 곳 없어라
남길 것도
별 흔적도
한 티끌도 없는 빈 것이라

한 잔 술
타는 마음 갈증을 적시고
빈 가슴 채우려
푸르름을 한 자락 깔고서 누워
하나 둘
별을 헤아려 본다.

돌풍突風

짙게 드리워져
몰려오는 먹장구름이다
하늘로 솟구치는
저돌적인 바람이 거세고
어둠 헤쳐 나가려니
성난 파도의 격랑이 되어서
체중은 중심을 잃으니
헝클어지는 세상

휘몰이하는 돌풍
휴지처럼 날아가는 광고판
바람에 저항하는 물체
허공에 둥둥 뜨려는 몸둥이
움츠림은 체감에 젖어
손짓하는 무서움이 엄습하여
자연에 떨고 있었다

지리산에서……

자주, 보라, 노랑, 분홍색
가을 산행의 옷들
풍광을 견주기라도 하듯이
아니면 가을 채색을 위한 맞춤일까
고운 색상들은
저마다 각양각색의 개성
곳곳에 밝은 꽃으로
꽃 봉우리 만들어
웃음 배어있는 사람의 꽃

쉼터, 일터에서
일상의 무게를 부려 놓고
가을에 젖은 지리산
앎의 인연들과
풍성한 오찬에 곡차穀茶가 있으니
바람은 흥을 키우는 추임새
우수수 축복의 단풍
아름다운 님들은 연출합니다

이작도=鵲島 뱃길

대 이작도
소 이작도
구전으로 많이 들어보던
인천 앞 바다의 섬

대부에서
힘찬 뱃고동 울리는 페리호
잠잠하던 물결은
스쿠류에 포말되는 물살들
한 시간쯤
바다 속을 회전하는 스쿠류
널다란 뱃길을 열어
이작도 가는데

끼~ 륵 끼~ 륵
갈매기 날개깃 펼치고
뱃길 따라 새우깡 따라서
갈매기랑 동행합니다

봉화산 철쭉

봉화산 중턱
건너편을 굽어서 보면
능선의 중심은 백두대간으로
남원 아영은 동쪽이요
장수 번암은 서쪽이라
철쭉꽃 평원에서
연분홍 붉은 철쭉 포옹은
봉긋봉긋 솟아나는 소녀

저마다 뽐내는 꽃망울들은
피고 피는 봄의 향연
송이송이 키재기 하자는데
아랫듬에 살던
보조개 깊은 소녀가 생각난다
시원한 큰 눈망울
진홍빛 입술이던 소녀
포동포동함이 한층 싱그러워서
더욱 앙증스럽게
철쭉꽃으로 피고있었다

용궁사 龍宮寺

엥! 산사가 아닌
바닷가 신비로운 절
용궁사 바라보니
문득 "별주부전"의 생각이다
인연들의 염원은
주변이 잘되는 것이라

살찌워진 자연
예술은
자연을 한껏 이용하였고
자연을 보존하는 속
바닷가의 보물
멋스러운 해사海寺가 되었다

단종의 설움

열 두 배기 맘 여린 왕
굽이굽이 산길따라
힘에 밀려서 어쩔 수 없는 길
첩첩산중 돌고 돌아
어디쯤 따라왔을까
한양 궁궐이 어디쯤일까
어딘지 모를 가늠할 수 없다

시퍼렇게 둘러진 동강
목메어서 지치고
울다가 잠이든 어린 단종
두견새는 알았을까
소쩍새도 알았을까
침묵하는 동강
강물은 고요하여 말이 없다

세상사

펑펑 바람을 억수로 넣으며
언제 어느날
마냥 좋다고 하더니만
또 어느 땐
시큰둥 바람을 빼더니
그냥 관심이 없답니다

세상에 부대끼면
귀엽던 모습도
당연, 달라질 수 있는 것
많은 세월 속
청초가 지는 여름이 가면
당신은
이미 단풍이랍니다.

전등사

머~ 언 옛날
고구려 소수림왕 시절에
아도 화상은
자기를 다스리고자
진종사眞宗寺를 불사하였고

조금, 뒷 날
고려 충렬왕 시절에
정화 공주는 옥등을 시주하여
나라의 안녕을 빌었고
전등사傳燈寺라 하였는데

그 뒤, 뒷 날
선현들의 손때가 묻은 강화도
흔적들을 거슬러 보면서
서울 강동 문인들의 필침은
전등사에 무엇이라 남길까

억새풀

억새들의 잔치
푸른 싱그러움
천관산 군락이 장관이라
억새 풀
낮으막하게 굽힌 것인지
반가워 부르는 것인지
꼬리 깃을 세우며
바람따라 흔들거린다

사랑스런 포옹에
섬뜩,
쓰리다 싶은 따가움은
두 줄기의 핏줄
새끼 호랑이 억새 풀잎은
팔뚝을 쭈~ 욱 그었다
예쁘다 쓰다듬었는데
이름값을 하는 억새

장마

몇일 내리는 비
물이 넘친다 싶어지면
한 껏
목청을 돋우면서
너도나도 물난리라고
이곳저곳에서 아우성이다

사람이 간사한 건가
몸에 밴
속 좁은 탓인가
적은 것도
많은 것도
심통을 부리는 사람들이다

포기로 남고 싶다

세상에서
소중하고 자랑스러운
속이 꽉 찬 배추였다

세월을 어찌하랴
뭉퉁구리던
배추는 뿌리랑 분리되어
김치와 푸성귀로
저마다 이름을 짓고 흩어져
서로가 달리하는 삶을
살아가야 하는 것

쪼각 쪼각이 아닌
한 덩어리
김치 포기로 남고 싶다

빗속에서

어루만져 주고파
윤기있는
그 사람 머릿결 위로
우산을 받쳐 들었다
손을 가만가만
어깨에 조심스레 올린다

우산을 토닥토닥
손잡이에 전달되는 감촉
울림의 빗소리
응원의 북소리
힘내라 북돋는 드럼소리
격려는 사랑의 힘이다

참 마음

걸레는
아무리 헹구어도 걸레
두 번 세 번 빨아도
걸레는 걸레라

맑은 물에
걸레를 씻어도 헹구어도
행주는 될 수 없지만
웃음주는 얼굴 만들고

보이지 않는
구석구석을 찾아다니며
묵묵히 자기 할 일
몫을 다하는 마음입니다

한잔의 차 향기

간밤
천지를 흔들던 천둥 번개
장대 같던 비
세상을 삼킬 듯 하더니만
고요한 아침

햇살은
구름 속에 머물러 있음인가
정원의 초록은 목욕으로
흠뻑 젖은 초록들은
빗질로 오를듯한 비상

고즈넉한 아홉 시 이전
직장에 간다
학교에 간다
정신을 훔쳐 갔던 식구들
여유가 묻어나는 커피 한 잔

양지바른 길목

많은 사람들이 오고 가는
눈이 일찍 녹는
양지바른 언덕배기
그곳은
그렇게도 좋으셨을까

사랑하는 가족
하셔야 할 못다 이룬 일들
모든 인연을 끊고서
그곳에 가신지도 사 십 여년

세월에 바랜 유택幽宅
자녀들은 한뜻으로
예쁘게 단장하여
새롭게 리모델링 합니다

※ 가족 묘원 조성하며

병아리 가족

어스름이 오월 끝자락
녹음과 함께 짙어가는 장미 향
잔디 위를 구르고
풀 냄새, 시골 정취에 젖어
삐약삐약 병아리들
어미 닭 중심으로 옹게종게

농주가 넘실대는 만큼
가족애에 묻어 담긴 정감들
곡차 부딪치는 눈빛들
감사함이 흐르고
어미 닭은 날개깃을 편다

가벼워진 어미 날개 품에서
병아리들은
저마다 재롱을 피우는데
피곤을 잊은 채 아쉬움이 깊은 밤
웃음소리 담장을 넘는다

/ 제3부 /

글을 깨쳐야
나라가 산다는 농민운동
사랑하는 가족도
정든 고향도
흐르는 눈물을 뒤로 한 채
"사나이 큰일을 하지 않으면
돌아오지 않겠다"

행복한 지리산

휘어진 허리 흉이 될까
행여, 탓하지 마라
휘어진 나무라지만
늘 네 곁에 있으면서
생각마저 그러하겠느냐

무지개 빛 햇살에
싹 틔워 꽃을 피우고
지리산을 실찌우는 내 까닭은
수줍음도 모르는 채
허기진 아이에게
젖꼭지 물리는 어미 마음이다.

사시사철 푸른꿈
세상이 맑아지는 바램이
그 무엇보다도 내게는 소중한 것
소꿉놀이로 보이느냐
지리산은 우리의 터전이다

복 짓는 것이다

살기 좋은 곳에
아버지에 그 할아버지께서
주춧돌 놓으시고
어른님들이 지켜오시던 고향
혈연의 전국 일가들은
하시던 일을 모두 멈추고
안부 묻는 웃음에
일가들은 벌죽한 웃음이라

살아감은 모두를 잊고
풍요로운 것은
지금의 만남이 행복이라
그 행복은
조상님의 은덕이니
묘원을 살피면서 풀을 깎고
복 짓는 섬김이니
집안과 자손들이 번성하리라

좋은 친구

뿌리 깊은 나무는
비 바람 속
눈보라가 휘몰아쳐도
그 모진 어느 날도 흔들림은
한치도 허용이 없고

섭섭한 말을 하여도
부족함을 보았어도
사려가 깊은 좋은 친구는
그 어느 곳에 있어도
흔들리지 않고

알토란 같은 친구는
에메랄드빛 그 달콤함도
어떤 사탕발림에도
마음이 반듯이 올곧은 저울추
천근만근으로 지킨다

자매

시골에서
전통의 그 풍습을 지키며
농경農耕이 그러하듯
학창 생활도 동문에서 동문
닮은꼴로 성장

내일 굶어도 지금이 중요
이등도 싫고
군자 말씀도 그렇지만
잣대를 벗어나는 것 없어서
측은함이 있는 애틋함
순박하여 자랑스러운 자매

따뜻한 보디가드 이다
언제라도
듬직하여 최고 편안한 마음들
자매는 서로 늘 짐이 될까
배려가 활짝 핀 꽃이다

국악 한마당

별은 어쩌다 보이는 하늘
처마 밑 외등은
창하는 소리꾼을 비추인다
마름질 된 푸른 마당
가족들은 잔디에 둘러 앉아서
국악에 어우러진다

초롱초롱 눈빛들은
소리꾼 장조카의
감칠 맛 나는 음질에 젖어
귀는 쫑긋하고
라이브 국악 접하기 어려운
옛 전통을 즐기니

하늘에 별들과
풀벌레가 다듬었는가
북소리 장단은 혼자서 일인이역
흥을 돋구는 구수한 음질
천상에서 내려온 듯한 소리꾼
작은 국악 한마당

인생사

침묵沈默
하고픈 말 하지 않음이
서로의 상처를
키우지 않는 것이며

체념諦念
모두를 상실하고
자기와 세상을 포기하고
일상을 버린 것이 아닌

지혜智慧
하고픈 말의 속내
아픔은 덜지 못하지만
침묵과 체념은 지혜다

무늬 글쟁이

農心을 아는 사람들은
이제는
글을 쓰는 글쟁이로 통하고
선생님 또는 시인이란다
미완의 넉두리 모여도
함께 할 때는 덕담을 하고
생각의 다름 속
좋은 글이라 생각한다

글쟁이는
고뇌로 글을 만드는데
누에가 명주실을 뽑아내듯
목수는 집을 잘 짓는데
글쟁이는 마술이 아닌
비가 오면 우의를 입어야 하듯
무늬만 그럴듯한 미완의 글인데
공감하는 글쟁이고 싶다

매헌 윤봉길 의사

글을 깨쳐야
나라가 산다는 농민운동
사랑하는 가족도
정든 고향도
흐르는 눈물을 뒤로 한 채
"사나이 큰일을 하지 않으면
돌아오지 않겠다"
명구를 남긴 청년의 지도자
홀연히 만주로 갔다

일본천황 생일 경축식
상하이 홍구공원
자기를 놓아버린 청년의 정신
국민들의 아우성은 귓전에 돌고
시선과 칼날을 헤집어
일본 수뇌부가 있는 단상을 향해
수통 폭탄을 던져
중국 백만 대군도 못 할
매헌 윤봉길은 이루었다

눈 내리는 건대역

어둠은 오는데
온통 세상은 은백색
하늘에서 복사 꽃잎 뿌리듯
플랫홈에 송송 내린 눈
퇴근길이 포근하다

승강장에서
눈발은 옷에 묻어도 좋은데
송아지 발톱에 뭣 털 듯
쿵쿵거리며 발을 털면서
전철을 기다린다

탐스러운 눈
궤도에 물기가 흠뻑 젖으니
기관차 우윈도 분망한데
눈발이 나의 유리창을 가리니
안경 닦기가 바쁘다

간월도

삼십 여보 떨어진 작은 공간
한 테두리에서
몇 마장
집 한 채 들어설 수 있는
조그마한 섬
자연적인 지형
사찰은 해풍에 씻기는데
썰물이면 한 몸
바닷물을 채우면 간월도

몸과 마음
조금도 떠나서 살 수 없다
생각과 행동은
활동하는 일체감으로
함께 살아가는 것이라지만
간월도 섬처럼
때론, 육신은 정신을 빗겨가고
허상을 잊고 잠들면
분리되는 육신과 영혼이다

산딸기

둔덕을 오르니
드리워진 긴 그림자
지는 여름 햇살에
설피설피 수도권 촌락에
굴뚝은 뭉실뭉실
동글동글 납작한 산딸기
뜨거운 열정이다

앙증스레 익은
한 알 따서 입안에 넣으니
달콤이 퍼지는 그 향
그의 입안에 살포시 넣어주니
가득한 웃음 짓고
산딸기 푹 담궈 익거들랑
곡차를 함께 하잡니다

단풍丹楓

맑은 생각으로 기둥 세우고
아롱아롱 비춰 빛으로
새싹 틔우며
푸른 꿈들이 마음 채운다

매달려 산 만큼
아름다움을 만들 수 있는 것
고마운 단풍으로
생애에 단 한 한 번이라도
저, 뼈 속 깊이
붉게 물들 수 있어 좋은 것

열심히 살았을까
한세상 푸르게 살다가
떠날 때를 알고
소리없이 내려앉은 저 단풍잎
낙엽이 되어
바람을 따르며 구릅니다

해미읍성 호야나무

해미읍성海美邑城 뜰안
땅 속에 찬 바람은 윙~ 윙~
실오라기 한 올 없는
가지 가지마다
우~ 우 ~ 우 짖어 대는 듯
흐릿한 날씨다

머리채 묶인 채
고문과 유린을 당하였던
이름없는 순교자들
나목에 얼룩들은 그 흔적이라
틈새에 배어있는 듯
죽어간 순교자들의 사연

형틀에서 말 못 할 고문들
순교자들은
살점이 터지는 질곡桎梏은
신앙의 힘으로 고통을 달래면서
호야나무 곁 300년
넋을 위로하는 순교비 저 홀로 서 있다

첫 돌

수정처럼 초롱이 빛나는
맑은 눈동자
천진스레 방긋방긋 웃으며
아장아장 백준이
금방,
엄마 품에서 맑은 얼굴
새록새록 잠자는 모습은
부러움이 없는 행복

소중한 백준이 태어나
쑥스럽고
감사한 덕담을 받음이
엊그제인데
아이의 훈육을 위한 축하
참 좋은 인연들과
첫돌의 자축은
가문의 큰 기쁨입니다.

이 마음 어쩌랴

석양은 뉘엿뉘엿
산 너울에 어둠이 들고
네온의 불빛들이
잠잠하게 물들이는 북한강
잔물결은 발등 적시는
순시선巡視船
외부의 침입자인가
감시하듯 쳐다보고

어스름은 모이고
건너편 밤을 밝히는 불빛들이
강물에 얼 비추어
강변은 불꽃으로 수놓은 풍광
익어가는 노을
솟구치는 봄 기지개로
그를 향하는 나의 숨결들
이 마음 어쩌랴

일림산 철쭉

철쭉으로 이어진 군락의 평원
앞을 보아도
뒤를 보아도
훠~ 이 훠~ 이 산길을 따라
바다를 이웃한 철쭉군락

저마다 예쁜 산 꽃들은
살랑 웃음 만들고
바람 따라 눈길 따라
출렁이는 꽃들의 향연
간밤, 기다림의 몸짓인가

일림산 해발 662m
정상에서 발모아 둘러보니
푸른 옷감의 바다
한 땀 한 땀 수를 놓은 듯한
보성 일림산 철쭉이다

좋아지고 싶습니다.

못내
가시려는 엄동의 걸음
아쉬움에 문풍지는 떨고있다
파고드는 차가움은
옷깃을 세운다

이제 막
창문을 활짝 내리는데
강바람은
시험에 들게 하는 것인지
시샘하는 것인지

함께하는 사람과
강변에서
해질녘 아슴한 풍경에 젖어
좋아지고 싶습니다.

굴레

일상과 다름없는
내게 주어진 출근
하늘은 낮게 드리워진 잿빛
웬지 가볍지 못한 출근
답답한 가슴은
버거움을 부리지 못하면서
이유 없는 투정이다

아픔을 잠재우려
가벼이 머리를 흔들어 보고
단추를 풀어보고
훌훌 남김없이 털어 보려지만
걸러지는 술지게미 마냥
그 버거운 짐
부릴 곳을 찾고 있다

월출산 천황봉

달이 뜬다
달이 뜬다
먼 옛날 하춘화 가수가
지명을 널리 알리던 노래
"월출산 천황봉"
영암 아리랑이 떴습니다.

님이 뜬다
님이 뜬다
이 세상에서 제일 좋아하는
나의 짝꿍이랑
월출산 정상 천황봉에
함께 더덩실 떴습니다

/ 제4부 /

청자빛 푸른 하늘
눈썹으로 곱게 빗질하네
눈을 감아 또 다시 닦아봐도
변함없는 청자빛 하늘
시월을 만나서
시리도록 푸른 하늘
산자락은 색동옷 단장하여
뒷 곁까지 시나브로 왔네

시월은 어디로가나

성냥갑 이은 듯
붉은 우등열차는 뉘를 싣고서
덜커덩 덜커덩
궤도를 따르는 중앙선
리듬을 타고 어디를 가는지
시월이여!
가을을 향하여 달리는데
시월은 어디로가나

강물도 흐르고
구름도 흐르고
팔당댐 물 흐르니 낙엽은 물들어
깎아지른 큰 바위에서
헐떡이는 가쁜 숨을 고르고
가을에 젖어 가는데
곱게 물들어가는 참나무야
시월은 어디로가나

꺽지나 마오

아름답게 핀 장미
붉어서 정열에 으뜸이련가
오월의 끝 자락
대지를 달구는 계절이 오면
많은 사람들이
관심 밖으로 생각하면서도
꽃이 피는 계절이면
아름답다 수선을 피운다

달콤한 감탄사
설레임 속 가시의 두려움
목숨 건듯한 스킨쉽
몸통을 흔들면서
몇 놈의 목줄을 꺾으면서
수년數年 동안 몇 년을 죽였는가
사랑의 정표 포옹은 좋지만
날 꺾지나 마오

동백화 冬栢花

피었네
피었네
월출산 기슭 바위틈에
초롬하게 이슬 머금은 동백꽃
수줍음으로 피었네

피었네
피었네
구름다리 건너고 통천문지나
월출산 천황봉에
사람꽃 많이도 피었네

기암괴석 천황봉
수많은 사랑 꽃이 피었지요
보고있어도 보고 싶은
상사스러운 나의 동백꽃
은혜로운 꽃이 피었네

소백산을 깨운다

다이아몬드 뿌려 놓은 듯
숱한 별들이 쏟아 질듯
맑은 밤하늘은
산길 설고 설은 소백산
방향을 모른 채 길 따라 오른다

울창한 숲도 없고
물소리 대신 가쁜 숨소리
귓전을 흔드는
더욱 게세지는 바람소리
예쁜 엉덩이를 따른다

어둠은 칠흑인데
불빛을 훤하게 밝인 풍기읍
먼동은 희브끄레 오는데
간밤, 깊이 잠들었던 비로봉
여명은 다가와
소백산을 조심스레 깨운다

소소한 행복

돈 벌러 간 새댁
일터에서 곧 올 시간
궁금한 기다림에 들뜬 마음
무엇을 도울까

둥지를 닦으며
익숙하지 않아 수선을 피우고
작은 구멍가게에서
콩나물과 두부 한 모를 산다

쌀을 씻어
석유 곤로에 심지를 돋우고
어줍게 다듬는 콩나물
소소한 행복이다

날 좋아할 수 있다면

우리는 만남이 계면쩍어
먼발치에서
목례로 주고받던 인사
가까운 이웃에서
산다는 이유만으로
그냥, 눈웃음을 보냈었지

너의 모습을 보니
늘 보아왔던 생각이 아니기에
고개 숙여지는 것은
네가 좋은 것 인가

너를 좋아하는 건
내 맘이라지만
네가 날 좋아할 수 있다면
얼마나 좋을까 싶다

송골송골 땀방울

경복궁을 걷는다
아이 얼굴에 흐르는 땀방울
안스러움이 앞서고
나의 손수건은
땀을 토닥토닥 닦아 준다

부자와 걷는 길은
왕과 신하들이 걸었으며
신하들이 도열하던 길
쉼 없이 흐르는 땀
앗아가는 애비의 마음

고궁을 걸으며
송골송골 적셔지는 땀방울은
측은지심 사랑 불렀을까
왕자(아들)와 함께하는 이 시간
왕과 다를 수 없는 사랑

하이디하우스haidei house

칠월의 햇살 받으며
영화를 구전으로 들어오던
아련한 추억 속
haidei house 찾는다
협소한 구부렁길
스토리로 들었던 haidei house
옛스러움이 배어있는
아기자기함에 푹 빠진다

전통이 듬뿍 묻어있는
투박 나긋한 의자
통나무 탁자도 멋스러운데
산중에도 달콤한 커피향
나만의 생각은
어떤 스토리 묻어 놓을까
이곳에 무슨 추억 묻어 놓을까
haidei house여!

지리산의 예찬

저산넘어 노고지리 훨훨 날으니
아지랑이 아롱아롱 꽃핀 진달래
수컷장끼 둥지이뤄 사랑 만드니
우리두리 두리뭉실 춘산 가자네

무울소리 바람소리 작은 새소리
소슬바람 구름안개 쉬어 넘는가
계절없이 불러주는 산이 좋아라
우리두리 두리뭉실 청산 가자네

높고푸른 하늘아래 한폭 동양화
울긋불긋 오색한복 고운 단장은
가을처럼 토실토실 사랑 익으니
우리두리 두리뭉실 단풍 가자네

보드라운 눈꽃송이 펑펑 내려서
산천초목 나목들이 눈꽃 피우고
사박사박 사잇길을 손에 손잡고
우리두리 두리뭉실 설산 가자네

산다는 것은

나는 누구인가?
살아감이 바른 줄 안다면
소 되새김 하듯
생각들이 되풀이되겠지
지난 세월의 결과
그르친 후회로
부끄러움. 또, 어리석음으로
깨달음은 다행인가?

누구인들
후회와 미련없는 인생있을까
과거는 돌릴 수 없는 것
지혜란걸 모를까
짜임새 있는 계획이라지만
실수할 수 있는 게 사람이라
산다는 것은
미완성의 인생이다.

사랑을 줍자

티없이 수줍은 정성
한잎 두잎 단풍을 모은 만큼
사랑을 쌓고
열정이 담긴 붉은 단풍들은
포근한 그대에게
진심의 정감을 만듭니다

노오란 단풍잎일랑
그대에 아름다운 허리띠로
감나무 잎은 엽서로
안성맞춤 내 사랑 만들어
은혜로운 당신에게
달콤한 사연 띄우렵니다.

천진암. 단풍줍는 아씨를 보며

시월을 만나서

청자빛 푸른 하늘
눈썹으로 곱게 빗질하네
눈을 감아 또 다시 닦아봐도
변함없는 청자빛 하늘
시월을 만나서
시리도록 푸른 하늘
산자락은 색동옷 단장하여
뒷 곁까지 시나브로 왔네

청자빛 품은 하늘이여
색동옷 입은 산자락이여
시집 아니 간
고모 색동옷 한 폭 주소서
청자빛 얼굴이 되고
예쁜 한복 만들어서
첫눈 내릴 적
결혼 행진곡 들으면 좋겠네

* mbc라디오 94. 11. 2. 10시 여성시대 생방송 출연 손숙님의 낭독.

볼륨, 높이고 싶었다

밥상으로 펼쳐진 신문
가까운 지인들이 빙 둘러앉아
정성이 담긴
궁금한 보물들을 펼친다
주어진 시선들
눈요기하는 하나 둘 셋
군침을 돌리는 탄성은 이어지고
바빠지는 젓가락들

인절미, 콩이 섞인 찰떡
살코기의 양념, 잡채
요리집이 부럽지 않은 누드김밥
모두가 좋아하니
맛깔스러움에 기분은 덤이다
나는 덩달아 더 좋고
"음식점에서 맞췄어?"라고 묻지만
"내 사람 솜씨야!"
자랑하고 싶은 기분이다

설악산

삼경이 지난 고행길이라도
설악은 날 부르니
어둠의 길인들
어찌! 아니 갈 수 있으랴

캄캄한 설악
별들은 하늘에서 더욱 빛나고
마음에 불 밝히어
어둠 헤집으며 길 찾는 손전등

차랑차랑 설악폭포 물소리
새벽을 여는 바람 소리
아득하여 정상은 멀더니만
천근의 발은
대청봉 정상에 닿는다

출렁다리

주의사항 -
일시에 10인 이상은 안되오
흔들거나 뛰면 절대 안되오
국립공원 관리소

건너기전 -
문명의 감탄이 절로 났소
한없이 높았소
걸터앉아 사진을 찍고 싶었소

다리에서 -
발밑이 간질간질하고
어지럼증 나고 오금 저렸소
아스라한 천 길이 무서웠소

건넌 후
갑자기 높아지는 목소리
다리를 건너니 천국에 극락이며
또, 너는 내게 온다고 했소

산죽

짙고 꼿꼿하여도
참하여 곱게 빚은 산죽밭
유연하며 강직한 푸르름
그 옛날
편안한 옆집 누나처럼
단아한 댕기 마냥
긴긴 머릿결이 참 예쁘다

휘어 감을듯한
잘록한 맵시로 빛내고
가지런히 다듬은
삼단 머릿결의 산죽밭
날씬, 아름다웠던
옆집 편안한 누나
빨간 댕기 머리가 좋다

그렇다! 사는 것이

머물고 싶은 구름은
그 곳에 오래 머물지 못하고
매끈하고 팽팽하여
고귀한 그 모습
오래도록 간직하고 싶지만
간직할 수 없음이니

예정된 만남도
약속처럼 얄궂게 비껴가는 것
생각대로 안 되는 것이
세상에 수많은 일들
하늘에 뜬 구름 마냥
인간 만사가 다 그렇더라

/ 제5부 /

힘들고 버거워
아픔의 호소를 외면한 채
겨울 산행은 발길 놓인대로
생각없이 걸었는데
뒤 돌아 본 나의 눈길
가식과 위선으로 가득하였을까
반듯이 걷지 못하고
내 멋대로의 흔적입니다

희망사항

그 사람과 함께라면
너무 은혜로운 진솔함이
잇대어 가는 이야기
달콤한 듯 귀를 쫑긋한다

작은 소망의 기다림
그 사람을 만나
우아한 커피 숖 아니어도
오 백원의 공원 자판기

그 사람이 생각나면
호사하지 않아도
생각만 하여도 설레이는
참 좋은 기분이다

한 사람쯤 있으면

살아가면서
생각만 해도 뜨거워 위로가 되고
둘만의 은어 속 불 켜진 창
외로울 때 만나는
방 한 칸 있는 집 있었으면

생각만하여도
가슴을 지피어 쿵쾅이며
포근히 감싸 줄
그런 그러구한 연인
한 사람 있었으면

일상에 지쳐서
기대면 힘들다 아니하고
달콤한 유혹에도 지조로 살았지만
나에게 쉽게 무너지는 연인
한 사람 있었으면…….

살아가는 이야기

묻어 두었던 이야기
누군가에게
기대어 말 할 수 있다는 것은
무척 큰 기쁨인데
세상을 도마 위에 놓고
독선으로 요리하며
인생을 헝클어 수선을 피워도
이야기는 포말된다

붕어가 물을 먹듯
인간사 물구나무 세운다 해도
구전되지 않고
들어도 못 들은 척이라
끄덕이는 고개
한눈팔지 않는 시선
내 맘속으로 깊이 들어오니
함께라서 참 좋다

태백산에서

흐름이 뒤엉킨 발길
백설에 부딪는 아이젠 소리들
뽀드득
뽀드득
언제쯤인가 어릴적 체험
추억의 촌 골목길
꿈속에서 헤매었던 길이 아닌
오랜만에 반가운 소리

정겹게 들려오는 살가움
눈 밟이는 소리
뽀드득
뽀드득
도시에서 전혀 느낄 수 없는
정감있는 소리
단군의 맥이 흐르는 태백
제단에서 호흡을 고른다

반듯하게 걸어라

발 딛기조차 조심스러워
티없이 맑다
온 천지가 하얀 눈
더없이 탐스러웠고
소담하게 살쪄서 좋은
터벅터벅 눈 덮인 그 길을
나만의 생각에 젖어
발자국을 만들어 갑니다

힘들고 버거워
아픔의 호소를 외면한 채
겨울 산행은 발길 놓인대로
생각없이 걸었는데
뒤 돌아 본 나의 눈길
가식과 위선으로 가득하였을까
반듯이 걷지 못하고
내 멋대로의 흔적입니다

새해의 꿈

어렴풋이
떠오르는 지나온 일 년의 일
한 올, 남은 것 없이
주마등으로 밀려오고 있다

몇 년 전도 그랬고
최근에도 별반 다를 게 없듯
살아온 날들이
그냥 돌아가는 수레바퀴

송년의 끝에서
날이 밝으면 새해의 첫날
지난해가 되어버린 과거
새 날 日
새 달 月
새 년 年, 새해의 큰 희망希望

사모하는 꽃

꽃이 너무도 아름다워
사모하고
은혜하는 그 말
내 마음 깊이 꽃잎에 새겨서
더 가까이하고파
우연을 필연으로
끌려가는 깊은 연정

꽃말도 모르는 채
탐스럽다는 것밖에 모르니
무지의 용감은
한 발짝 더 가까이에서
쓰다듬은 손길
어떠한 말을 하는 것이
나의 진실 인지요

묵은 간장

오랫동안 길들여진 것인지
변덕스럽지도
까탈스런 입맛이라도
색깔은 그렇지만
긴 세월의 묵은 간장은
오랫동안 발효된
깊은 간장의 맛이 좋다

새롭게 담그는 간장
참 조심스럽다
새로운 입 맛
색상이 좋은 것은 확실한데
새로운 친구의 입 맛
간을 맞추자니
그 조리법이 신경 쓰인다

사랑의 화선지

억새가 하늘거리는
세상은 온통 푸르른 하늘
한 점 티끌도 없는
광활한 청자빛 화선지

투명하고 하두 맑아
우아한 기품에
시원하게 풍덩 담그고 싶고
고운 하늘에서 구르고 싶어

청자빛 화선지
둘만에 새콤달콤한 이야기
우리의 은어들을
밑그림이면 참 좋겠네

양수리에서 만나

우리는 두물머리에서 만나
강원의 북한강
충청의 남한강

두 곳에서 흘러온 강
팔당댐이 된
호수에 흰구름
호수와 하늘에서 서로 노닐 듯

남자랑
여자랑
두물머리 호수에서
둘이 만나서 노닐고 싶다

어쩌면 좋아

이 세상에서
그 누가 뭐라고 하였어도
신뢰가 쌓였던
그 친구 마음껏 믿었다.

갈 곳은 어디인지
방향의 키를 잃어버린 지금
어쩌란 말인지
달랠 수 없는 허뚱한 마음

가을 곡식을
꼬꼬닭이 마당을 헤집듯이
마음은 풍지박산
엉킨 실타래
어떻게 풀어야만 더 좋겠니

졸업을 하는데

이제 시작이다
버거운 일 후배에게 맡긴 육십
꽃다운 이름을 만났으니
열심을 낸 그 세월
도전을 새롭게 시작합니다

지난 흔적들은
간밤 꿈을 깨기 싫은 것 처럼
타버린 볏집이듯
멀어져간 푸른 젊음
후회도 없지만 아쉬움은 있다

노력하지 않음이 뉘 있으랴
옆 돌아볼 겨를없이 살면서
불태웠던 일터
새로운 인생을 즐기면서
인생 2막을 만들어 가는
자랑스러운 육 학년

향일암

한려수도 돌산읍
금오산 해발 323m
골목을 오르면
사바세계인가 가파른 비탈길
기묘하게 어우러져
자연을 보듬아서 살찌웠고
귀한 부처님 말씀
큰 뜻이 새겨진 돌계단

갈라진 돌 틈 바윗길
너른 바다 짙어지고 오르면
우뚝 솟은 기암괴석
늘푸른 잎 붉은 동백꽃이랑
후박나무랑 팽나무 절을 감싸니
사바세계 대웅전의 마당
평안을 염원하며
일출에 소망하는 향일암向日庵

들꽃을 꺾었습니다.

들꽃이 어우러진
갈대밭을 지나서
석양에 물들어진 푸른 강물은
출렁이고 있습니다

몇 일 전부터 시큰둥한 것은
사소한 말씨름
시선을 비켜 가면서
그 사람 속을 달래 봅니다

하늘 오르는 난초를 헤집으며
들꽃들을 골고루 꺾고
하얀 갈대도 꺽어서
보기 좋게 꽃다발을 만들고

군상들이 보아야 할
외롭게 핀 들꽃
그 사람 달래려는 위선
나를 위한 들꽃을 꺾었습니다

팽이

요놈, 요놈!
식식대는 지청구 들어가면서
한 톨 인정머리 없는
채찍에 휘감기며
엄동설한에 종아리를 맞아야
홀로 설 수 있는 것
빙판에서 살아갑니다

살아감이 다른지
채찍을 들어 노려보면서
숨차게 하얀 입김을 뿜으며
채찍을 휘두를 때
팽이는 더더욱 신명나지만
잔뜩 힘들어진 채찍
안쓰럽기도 하답니다

심통이 났어요

훠이훠이 갈매기 날고
불어오는 바람
밀려오는 파도
바위섬에서 갈갈이 부서지고
옷깃 당겨지는 세찬 바람
저항은 반항이 되어서
추스르는 몸뚱이는
내 마음 방어하는 방파제
바람이란 걸 거부합니다

헝클어진 머리카락
중심을 잃은 초점
거센 바람에 기준을 잃으면서
마음은 안간힘을 쓰는데
서로가 토라진 생각으로
해변을 걷는다지만
툭툭 걷어차이는 모래
기타 줄 터질 듯이 팽팽하여
애꿎은 바람에 저항합니다

폭포수

수직이랄 수 있는
긴긴 낭떨어지의 절벽
저 높은 곳에서
스스럼없는 낙하 다이빙

시원한 물소리
깊은 산중 장중한 리듬
청아하게 깊고 깊어
카랑카랑 울림의 물소리

가슴에 전율은 머물러
진정하지 못하고
폭포수에 내 몸을 맡기어
헹구고 싶다

철새의 둥지

솔향을 찾아서
자연과 건강을 찾는 등산객들
나뭇가지 모아서
제비처럼 둥지를 짓고
가벼운 먹거리
검소하여 소박한
곡차가 자리한 상차림

맞대보는 곡차 잔
향기에 기분을 살찌우면서
향에 취하고
새치를 뽑는 손길에
무릎 내어주는 여유 속
달콤함이 피어나는
아차산은 꿈인가 싶습니다

들판에 신사

뉘엿뉘엿 뒷산은
병풍으로 아영을 감싸고
마을 앞 긴 그림자
석양의 신사 다리 길쭉한 황새
백조가 들판을 거닌다

꾸불꾸불 논두렁을 타고
골 논을 성큼성큼
여유롭게 오고 가는
평원의 밧지내기 평화롭고

어릴적 보았던
새하얀 들판에 길조吉鳥들
석양의 신사 황새
어딜 갔는지 보이질 않는다

/ 제6부 /

누구에게나
들꽃은 자랑이 없으며
겉멋을 부리지 않고
그 모습을 그대로 간직하니
한결같은
꾸밈없는 들꽃이다

바람둥이 태풍

을해乙亥 95년 8월 26일 19시
제니스 태풍
태안반도를 지나간다
해마다 이맘때면
홍역을 치루는
해마다 이름만 다를 뿐
한 두 번 또는 몇 차례가 될지
알 수 없는 수학 공식

어부들
닻을 포구에 묶어놓고
노심초사 발을 동동구르는
바람 앞 등불 심정이라
계절병처럼
어김없이 강요된 입맞춤들은
깊은 상처만 남기고
자취를 감추는 바람둥이

비 님이시어!

잔뜩 무겁던 하늘
결국, 속절없이 내리는 빗줄기
향우들을 달래지 못하고
맘 외면한 듯 쏟아집니다

원망 아닌 하늘에 원망願望
"비 님이시여!"
오늘, 호남지방은
잠시, 쉬었다가
저녁나절에 오시구려

원하옵니다.
격년제의 제 2 회 밧지내기의 날
전국에서 향우가 모였는데
고향의 소꿉친구
오래만에 회포 나누는 간절한 해후
비 님이시여! 소망합니다

※ 1996년 아영국민학교에서

소백산의 별밤

익어서 조용한 여름밤
삼경이 지난 세시
일출을 위한 야간산행
해발 탓인지 찬 기운 솟고
하늘에 꽃이 만발한 별
수많은 잔별은
하얗게 수놓은 하늘이다

별들이 수 놓아
줄지어 늘어선 은하수
네온에 샹드리 띠를 이루고
억수로 많고 많아 셀 수 없는 잔별
금방, 쏟아질 것 같은
별을 볼 수 있는 소백산

백년가약

풀밭에 아침이슬 마냥
나는요
천사표 여인상
그대 품에서 포근하고픈
한송이
뗄 수 없는 사랑의 꽃

누구가 먼저랄까
기대어도
진정, 버겁다 한 올 투정 없이
그런그런 감사와 은혜
둘이 아닌
하나가 되고자 합니다

대청봉 大靑峰

정상의 정원수
산신령님 손질하셨는지
휘둥그레 놀란 눈동자
대청봉은 어둠을 밀어내고
맘 부풀어 상서로운
아! 이곳은
나의 뜨락 정원이던가

일출이 보고파
천근 같았던 육신은 가벼워져
새벽을 열어가는 정상
설악산 대청은
풍요로움이 넉넉한 안식처
이곳은
등산객들 정원입니다

침묵으로 보다

아늑하고 조용한
둘이라서 오붓하고 좋은
분위기가 살아 숨 쉬는 곳
넉넉한 공간이다

머무는 좋은 생각만큼
바보가 되는지 모르지만
말이 없는
깊은 침묵이고 싶어

마음 따뜻하여
우아하고 그윽한 눈빛으로
그냥, 바라보고
오래도록 머무르고 싶다

미움의 언저리

한 번쯤
숨 쉬는 소릴 듣고픈 이 시각
궁금은 남지만
소리통으로 대신하면서
섭섭한 미움
찬바람은 머리를 스치고
애증을 곰삭이며
맘을 지긋하게 눌러 다독인다.

무심코 던진 한마디
보루퉁하고 토라진 모습은
말도 없이
시선은 허공에 띄우고서
시선을 돌린 채
잘가라 숨죽인 듯 인사말에
열차 떠나도록 보았지만
고무줄 게임 사랑이다

내 고향은 소완도

소 완도에서 태어나
풋풋하게 섬을 사랑한
꿈 많던 섬 소녀
겨울에 동백은 늘 푸르고
해풍에 흔들리며
꽃피우는 동백처럼
밀물 썰물 따르듯
계절에 적응하는 섬 아가씨

오곡백과 익어가듯
해변에 해당화는 곱게 피어
정신을 살찌우듯
꽃과 벌을 아우르는 마음
바닷길 멀미랑
풍랑을 비껴가면서
왕자를 찾아서 뭍으로
한양 송파골에 왔습니다

내가 아니면 안 된다

선출직 대장을 꼭 하겠다
너도나도 달려들어
이전투구속 이기주의
국민을 앞세우는 위선으로
내가 아니면 안 된다

나는 깨끗한 척
나름의 생각과 독선들은
목소리 높이니
볼륨 높은 사람이 승자

모든 후보들은
색상이 좋은 옷으로 위장하여
자신의 이권을 찾는데
꼭꼭 숨은 뭐가 궁금하다

그대위한 공간을

작은 소망들은
꿈을 키워서 뜻을 이루지요
작은 가슴에
소박한 소망을 다북다북
가슴 깊은 곳에
그대가 쉴 수 있도록
머무는 공간을 만들지요

군락의 철쭉도
장미도 심고 백합도 심어
예쁘게 단장하려오
검소하여 화려하지 않은
가슴 저 깊은 곳
그대를 위한 숨 쉬는 공간의 여백
문을 활짝 열겠어요.

야생화 野生花

아무 곳에서나
들꽃은 살고 싶은 곳에서
바람 부는 대로
저하고픈 대로 피면서
누구에게도 들꽃은
향기로 말하지 않는다

누구에게나
들꽃은 자랑이 없으며
겉멋을 부리지 않고
그 모습을 그대로 간직하니
한결같은
꾸밈없는 들꽃이다

가로수의 하소연

해지니 어둠은 깔리고
식혀가는 대지에
가로수는 졸음이 다가오는데
도로는 밝으니 그렇다

어둠을 밝혀서
좋은 것이 아닌 걸 알고 있지만
매연과 복잡한 소음
가로등은 불야성 이루니

하루를 시달렸으니
깊은 잠 청하고 쉬는 게 좋은데
밤이 되어도 눈부셔
불면증에 시달리며
잠못이루는 가로수

지리산 맘껏 날고 싶다

세상은 드넓은데
잎새들 촘촘하게 군락들이라
하동 바위를 훌쩍 올라
길게 드리워진 죽림
늘 푸른 마음은
산길을 훨훨 날고 싶다

쭉쭉 구김없는 산죽들은
천사의 날개
빨간 신호등 없는 산길
어머니의 품 지리산
산죽의 푸른 길
마음껏 훨훨 날고 싶다

교육은 새롭다

설레임 반
두려움 반
간밤 이슬 머금은 아스팔트
교육원을 향한다

홍 목련, 백 목련
개나리 벚꽃들이 즐비하고
예쁘게 단장된 용산 교육원
곱게도 피고있었다

생활을 함께 할
미지의 도반들을 그려보면서
교육이란 파란 꿈 찾아
햇살처럼 설레임이었다

관악산 가오리다

다름의 돌들은
아름다운 모습으로 피어나
아카시아 향은 짙게 서리고
이름모를 새소리
이곳저곳에서 지저귀니
싱그러운 풀내음 있는 곳

구불구불
연주대를 오르는 산길을 따라
능선을 따라
불혹을 갓 넘어 싱싱한 동창생들
묻어있는 유년의 추억
반갑다! 친구들아.

목욕탕에서 흔적 지우기

세속에 찌들어
너나없이 오염되어 살아온
얼룩지고 거칠어진 몸
한풀을 벗기려 한다

위선으로 과대 포장하여
감추고픈 부분
색상있는 옷감으로 숨겼던
얼룩을 지우려는 안간힘

바둥거려 살다 보니
자신을 얼룩지게 한 육신들
한 티끌 남김없이
안간힘쓰니 살이 벌겋다

아무리 닦으려도
저 깊숙이 배어있는 오욕칠정
지우지 못할 흔적들을
지우고자 억지를 부립니다.

목욕탕은 천국이다

모양이 같은 동성이면
어린이부터 노, 소를 불문하고
언제라도 오세요
웃옷 단추를 푸니
힘없이 스르르 내려지는 자켓
애당초에 수줍음 없이
훌훌 남김없이 벗는다

높아도, 낮아도
길이와 모양이 제각각
가슴팍이 작아도 전혀 상관없는
여기는 지상천국

서로는 관심없는 사람들
한 풀 두 풀 벗기며
물을 시원하도록 쓰는
지상천국입니다.

/ 제7부 /

아름다운 세상에서
저마다 아름다운 오색 단풍
사람들은 티없이
아이마냥 연발하던 감탄사

젊음은 잃었어도
최선을 다하였던 친구 모두는
갈 곳 없는 잎새들
고마운 훈장들입니다

그게 참 좋겠다

그 사람에게 소금이고 싶다
수많은 세월이 흘러도
사람이 변함없는 바닷물이니
두세 번 생각해 보아도
맘은 뭔가 드리고싶다

눈높이에 맞을지
가늠할 수 없는 그 마음
필요 없는 걱정이겠지만
웬지, 형식적인 것은 싫었다

나름 기준을 정하고서
그게 좋겠다
그에 어울리고 부담스럽지 않아
나도 좋으니
그게 참 좋겠다

애긎은 아이들 핑계

시작은 천상 연분이었다
살부비면서
살아온 수 많은 일상들
그냥, 세월에 열심히 적응하였고
지나온
과거사를 되돌려 보면
우선 아이들을 생각하면서
앞만 보고 힘냈다

즐거움도 괴로움도
스스로 만든다는 것인데
살다 보면 생각이 다를 수 있어
하소연은 큰 분쟁이 되고
아이들의 힘에 의존
그냥저냥 살아간다는 푸념
이상적이지 않은 사람 뉘 있으며
그림은 뉘 못 그릴까

아름다운 사람은

세상에서
누구보다 아름다운 사람은
장미의 깔끔한 얼굴도
뚜렷한 이목구비도 아닌
진실이 묻어있어
가식이 없는 웃음에 평안하고
팔등신 보다
따름과 긍정을 아는 사람

용모가 반듯하지 않아도
넘침이 없는 개성으로
서러움은 이해로 가슴 삭이며
엷은 미소 짓는 그런 사람
아끼는 이
못할 일 청하랴만
그래도 센티하게 들어주는 게
아름다운 사람이다

첫 눈

첫 눈이 온다!
나이를 잊은 친구의 호들갑에
튕겨지는 용수철 기분
살갑지 않은 몸둥이
반가움에 창문을 열어보니
복스럽게 눈은 한없이 내리고
야릇하여 심쿵한 마음
가슴 속 깊이 저며드는
댕기머리 순이 생각이다

오동통한 왕 눈발
한 뼘도 흔들림도 없이
가벼운 새색시 걸음이듯
사분사분 내리고
두 손은 창틀에서 턱을 감싸니
눈발 속으로 흠뻑 젖어
나도 자연에 도취
세상을 하얗게 살찌웠다

두타산 아침

간밤
태풍급 동해의 바다 바람
펄럭이는 깃발은
거부라는 것도 모르고

새벽을 달려온 군상들
푸른 미소가 너무 아름다워
아침의 정경들은
달콤한 풍경들이다

밤새
아무런 일도 없었던 것처럼
고요한 아침 햇살은
여유있는 편안함
동해의 두타산은 큰 행복이다

나물 캐는 봄 처녀

몇 년전
앳띠어 소소하게 보았을까
살갑던 소녀가 그리워
보고 싶은 봄 처녀 찾으러
수도권 외곽을 찾아갑니다

논과 밭 향수가 있는 시골
고향과 다름없는 풍경
아롱아롱 아지랑이 속
둔덕진 양지의 부부
쑥, 달래, 돗나물 캡니다

그 곳 보리밭에서
봄을 캐는 농부도 있었고
논두렁에서 나물캐며
자리하는 그 사람
옛날의 그림 순이랍니다

낙엽 1

청산은
푸르러라, 늘 푸르러라
허공에 띄워놓고
몸짓도, 생각도 다 있지만
마음대로 안 되는 게 내 마음

가는 세월에 푸름은 익어지고
풍요로운 가을은
모든 시선들은 집중이라도
부족함이 조금도 없다

단풍은
언제라도 함께하는 걸 알면서
멀어서도 안 되는 줄 알고
붉어지는 눈시울
말없이 그의 곁을 떠납니다

낙엽 2

정착지 없는 짚시던가
바람 부는대로
발길에 차이는 대로
아니면 빗자루 가는대로

멋대로 이리저리 뒹굴어지고
생각하면
천덕꾸러기된 짚시
쉴 곳 없는 설움 겪었지만

아름다운 세상에서
저마다 아름다운 오색 단풍
사람들은 티없이
아이마냥 연발하던 감탄사

젊음은 잃었어도
최선을 다하였던 친구 모두는
갈 곳 없는 잎새들
고마운 훈장들입니다

낙엽 3

이제는
하찮은 것인지도 모른다
이쪽저쪽 기웃거려 보았지만
쉴 곳이 없다

우왕좌왕하던 차에
가을비는 얼마나 고마운지
지금은 나를
나를 촉촉이 적셔 잠재운 것

그래요
이제는 따뜻한 솜이불이 되고
그러하다가
푸석푸석 헤져도 나는 좋아

눈이 내려서
매운바람 찬눈이 내릴 적
그대 발을 덮어주고
기지개 켤 봄날을 맞으려오

장미꽃

녹음이 짙은 오뉴월
장미는 담장에 의지하여
송이송이 흐드러지게 피었네
붉게 핀 꽃송이
하두하두 고와서 울렁이는 가슴
알 수 없는 마음에
날 세운 가시가 두려운데

너도나도 예쁘다는
천하일색 장미의 아름다움
향기도 향기라지만
마음 곱지 않으면 무엇하랴
장미는 봄 끝에서 피는데
아름다움은 자유라지만
꽃송이는 세월 속에 시들어서
꽃도 잎도 지는데

정월 대보름

갖은 나물에 오곡밥
둥게둥게 김으로 감싼 큰 김밥
둘러앉아 보름을 찾는다
걸직함은 없어도
온 식구들 어우러짐이 풍요

휘영청 밝은 달빛 아래
집집마다 지신밟기
사물놀이 농악에 푸짐한 덕담
귀 밝이 술이 좋다는 건
술꾼들이 만들어낸 옷자인가

망우리야!
대보름 불꽃에 액을 태웠었고
전통으로 내려온
미풍양속의 그 핑계 속에
귀 밝이 술에 보름달 띄운다

설 까치

뒷 곁 감나무에서
까치는 손님맞이 울음 돋우고
손맛으로 빚은
큰방 아랫목에 즐비한 한과

치렁치렁 대롱이는
처마 밑 고드름
한 줄로 서서 설을 함께하자며
손님을 맞이 도열이다

돈 벌러 객지로 간
어여쁜 아씨들과 배꼽 친구들은
가족들이 보고파 허기져
그리웠던 시골의 향수

춥고 배고플 까치야!
울어라. 까치야!
설빔은 문밖에 골고루 줄 것이니
목청을 돋구어다오

넋두리

오늘처럼
네가 이렇게 더더욱
좋은지 모르겠다
귀 기울여 넋두리 들어주는
친구야!
지나온 생활이 어깨가 무거워
버거웠던 짐을
어느 곳엔가 부리고 싶었어

담배 연기 날리듯
풀풀 허공을 맴돌다 흩어지는
넋두리는 실타래 되어
싫은 기색 묻어 두고
손에 잡히는 것은 없어도
고정된 눈동자
끄덕이는 고개짓
맞장구 화답에 고맙구나

아가씨! 힘내세요

사탕 하나드세요
아가씨!
힘드시지요?
힘내세요, 용기를 줍니다
안면은 전혀 없었다
눈인사로
힘을 보태고 싶은 마음에서
말은 던져지고

깊은 산중에
낯설은 인사를 갑자기 받으니
붉어지는 얼굴
산 사람들의 인사
마음이 멋쩍었을 등산객은
때묻지 않은 산 아가씨
나도 어리둥절하다
어찌하나. 아가씨 힘내세요

소중한 책 한 권

그 사람이 내게 준 책 한권
반가웠고 기쁨이다
마음 있어도
뜻이 좋아도
관계를 계산하는 수학 공식
행동으로 선뜻
책 선물은 쉽지 않다

황금은 덕을 쌓지 못하고
음식은 배를 채우지만
정신을 살찌우지 못하는 것
그 뜻을 존중하여
읽기 힘들다는 것은 핑계
인사치례가 아닌
진정 고맙습니다

누나가 좋아요

이미 좋아하고 있습니다
누나에게
남과 여가 이성이 아닌
벗으로서 순수한 생각에
끌려가는 이 마음
감당할 수 없는 아픔인데
아프다면 이성이 아닐까
그냥 순수하게 보냅니다

부담없는 대화 속
누나와의 만남은
따르고 싶은 것은 어쩔 수 없어
모래알이 콩이라도 좋아요
신선하게 우리는
살아가는 이야기가 숨쉬고
건강하여 풋풋함이
빗겨가지 않아 감사합니다

기다림의 전화

이 시각쯤이면
행여나 하는 기다림으로
감미롭고 아름다워
듣고 싶은 목소리
꿈속에서 들려 오는 듯

따르릉 ~ 따르릉 ~
전화 벨소리 주변을 깨우고
리듬을 잃어가는 심장박동
솟구치는 반가움이다

마음 추스르며
차분하게 수화기 들으니
아 !
정겨운 목소리 사랑합니다.

/ 서평 /

지리산 정기를 이어받은 깨달음의 순수 미학

이 광 녕
(문학박사, 문예창작지도교수)

오점록 시집 서평

지리산 정기를 이어받은 깨달음의 순수 미학

이 광 녕
(문학박사, 문예창작지도교수)

농심農心 오점록 시인의 인품은 소박 순수하고 후덕하여 포근한 인간미가 흘러넘친다. 벗을 좋아하고 풍류를 좋아하고 선비다운 풍모가 마음을 편하게 하는 시인이다. 신언서판 身言書判으로 사람을 평가한다지만, 어디 꾸밈없고 소박·순수한 인품만 하겠는가?

오점록 시인은 지리산 정기를 이어받은 남원의 아영골 출신이며 순박한 농부의 아들이기에, 그의 작품세계 또한 농심 어린 순수성과 진실성이 짙게 깔려 있다. 우체국 공무원으로 정년퇴직을 한 그는 강동문인협회와 강동예총, 남원문인협회에서 사무국장직을 역임한 바 있으며, 지리산 기슭인 남원의 아영 '시인 농장'의 사과 농사꾼으로서 거기서 일군 농심을 작품 속에 반영하여 문인들과 교류하면서 그만의 독특한 작품세계를 구축하고 있다. 이번에 출간되는 제4시집에도 인간미 넘치는 소박성과 진솔성이 작품 곳곳에 고루 깔려 있어, 독자들의 마음을 끌어당긴다.

1. 지리산의 아들, 맘껏 날고 싶은 산 사나이

지리산은 그의 정신적 지주요 본향이었다. 애향심이 강하고 귀소본능이 강한 그는 지리산의 장엄하고 꿋꿋한 정기를 이어받아 어릴 적부터 자연 풍류를 좋아하고 무위자연적無爲自然的인 시적 재능을 발휘할 수 있었다. 그렇기에 그의 시에는 이러한 지리산에 대한 노래가 곳곳에 숨을 쉬고 있어 독특한 인상을 풍겨주고 있다.

>휘어진 허리 흉이 될까 / 행여, 탓하지 마라
>휘어진 나무라지만 / 늘 네 곁에 있으면서
>생각마저 그러하겠느냐
>
>무지갯빛 햇살에 / 싹 틔워 꽃을 피우고
>산을 살찌우는 내 까닭은 / 수줍음도 모르는 채
>허기진 아이에게 / 젖꼭지 물리는 어미 마음이다.
>
>사시사철 푸른 꿈 / 세상이 맑아지는 바람이
>그 무엇보다도 내게는 소중한 것 / 소꿉놀이로 보이느냐
>지리산은 나의 터전이다
> -「행복한 지리산」

이 작품은 지리산을 의인화하여 그 깊고 큰 어미 마음을

의인화 기법으로 멋지게 그려낸 작품이다. 산세가 험하고 나무마저 휘어져 있다지만 '생각마저 그러하겠느냐'라고 반문하면서 산을 살찌우는 까닭은 '허기진 아이에게 젖꼭지 물리는 어미 마음'이란다. 그러면서 사시사철 푸른 꿈이 살아 있고, 세상이 맑아지는 바람이 가장 소중하다며 지리산이야말로 삶의 근원이요 터전이라고 산 시인다운 정신을 드러내고 있다.

농심 시인이 이번의 시집 제목을 '행복한 지리산'이라고 명명했는데, 이는 작가 캐릭터의 근원이 되었던 지리산을 배경으로 시 창작 형성의 모티브를 염두에 둔 착상일 것이다.

농심은 지리산의 정기를 온몸에 이어받고 살아가고 있으니 '행복한 산 사나이'임을 노래하고 있다.

  세상은 드넓은데 / 잎새들 촘촘하게 군락들이라
  하동 바위를 훌쩍 올라 / 길게 드리워진 죽림
  늘 푸른 마음은 / 산길을 훨훨 날고 싶다

  쭉쭉 구김 없는 산죽들은 / 천사의 날개
  빨간 신호등 없는 산길 / 어머니의 품 지리산
  산죽의 푸른 길 / 마음껏 훨훨 날고 싶다
        - 「지리산, 맘껏 날고 싶다」

지리산은 경남, 전남, 전북에 걸쳐 있는 국립공원 산이다. 높이는 해발 1,915m(천왕봉)로 대한민국에서 두 번째로 높은 산이다. 산 사나이 농심 작가는 이러한 호연지기浩然之氣

의 산심山心을 시적으로 승화시켜 아주 인상 깊은 필치로 읊어내고 있다.

특히, 구김살 없는 산죽들을 천사의 날개로 삼아 훨훨 날아 지리산 어머니의 그윽하고 넓은 품으로 안겨드는 자아의 환상적인 모습이 눈앞에 선명히 떠올라 도가적인 분위기까지 연상되며, 시적 공감대가 형성되는 신선한 표현으로 눈길을 끌고 있다.

지리산에 대한 애착은 작품 곳곳에 드러나 있는데, 특히 지리산을 예찬한 정형시, 「지리산 예찬」 사계절의 노래도 일품이다. 춘하추동의 산 진풍경으로 이어지면서 말미 후렴에 '우리 두리 두리뭉실 춘산 가자네, ~ 청산 가자네, ~ 단풍 가자네, ~ 설산 가자네'로 전개되는 사계절 풍류는 소리꾼의 소리와 어깨춤이 절로 나오게 하니, 멋진 풍류와 노랫가락이 흥겨운 분위기를 연출해 내고 있다.

2, 순박·소탈한 순수 시심의 향기와 인간미

농심 시인의 독특한 캐릭터는 소박, 순수, 소탈한 인간미다. 필자와의 문단 친교도 수십 년이 흘렀으며, 섬김과 존경을 깔고 있는 신의에는 변함이 없다. 명심보감에 '교우지도 막여신의交友之道 莫如信義'라고 하였는데, 변함없는 신의와 구이경지久而敬之의 교우관계 지속에 늘 흐뭇함을 느낀다.

농심 시인의 글에는 그의 인품대로 소탈하고 순수한 시심의 향기가 흘러넘친다. 많은 작품들이 그러한 성향을 드러내 깔려 있지만 대표적인 작품만을 예로 들어본다.

> 술잔이 참 좋다 / 세상을 살다 보면 술잔처럼
> 삶이 넘실대기도 / 삶이 부족하기도
> 저마다 생각이 다양한 잣대 속 / 산다는 건 생방송
> 오르막 내리막 사람들
>
> 술잔은 참 좋다 / 사람들의 인생을 아는 것이라
> 투정 없이 맘 달래주면서 / 추임새로 흥을 돋우며
> 때로는 허기를 채워주는 / 한두 잔의 곡차
> 밝고 즐거운 세상이 좋아라
> 　　　　　　　　　　　 -「술잔, 그리고 사람」

이 작품을 읽으면 그냥 부담이 없고 마음이 편해진다. '술잔이 참 좋다'라는 시구가 각 연의 초두로 시작되고, 말미에 밝고 즐거운 세상이 '좋아라'라고 완결미를 지으니, 세상 번뇌를 다 잊은 듯 편하고 가벼운 마음이다.

예로부터 철학자들이 술을 좋아했던 이유는 토론과 문화 교류의 중요한 매개체로 보았기 때문이다. 서양의 플라톤, 디오게네스, 니체, 그리고 동양의 장자, 이태백은 그 대표적인 예이다. 물론 여기에는 '적당히 마시는 경우'라는 단서가 붙는다. 독일의 철학자 니체는 '술은 억압된 욕망을 해방시키고 삶의 본질을 깨닫게 하며 예술과 창조의 원천'이라고 하면서, '새로운 아이디어와 영감을 불러일으킨다'라고 하였다. 동양의 시선詩仙 이백이 술이 없었다면, '상상을 초월하는 신선 같은 명시들을 어떻게 읊어낼 수 있었을까' 하는 생각을 해 본다. 이백은 술 한 말을 마시고 시 백 편을 지었다 한다.

봉화산 중턱 / 건너편을 굽어서 보면
능선의 중심은 백두대간으로 / 남원 아영은 동쪽이요
장수 번암은 서쪽이라 / 철쭉꽃 평원에서
연분홍 붉은 철쭉 포옹은 / 봉긋봉긋 솟아나는 소녀

저마다 뽐내는 꽃망울들은 / 피고 피는 봄의 향연
송이송이 키재기 하자는데 / 아랫듬에 살던
보조개 깊은 소녀가 생각난다 / 시원한 큰 눈망울
진홍빛 입술이던 소녀 / 포동포동함이 한층 싱그러워서
더욱 앙증스럽게 / 철쭉꽃으로 피고 있었다.
- 「봉화산 철쭉」

 시인은 사랑과 추억을 먹고 산다. 사실 사랑이야 인간의 본능에 속하기에 누구든지 그것의 정서적 지배권을 벗어날 수 없지만, 특히 시인의 경우엔 시 창작의 좋은 글감이 되기에 더욱 절실한 것이다.
 이 글은 화자가 봉화산 중턱에서 본 연분홍 붉은 철쭉을 보고, 아랫듬에 살던 보조개 깊은 소녀를 떠올리는 사랑 연가풍의 노래다. 첫사랑일까? 지난날 얼마나 마음속으로 은근히 그리워했었기에 지금까지 시원한 큰 눈망울에 포동포동한 진홍빛 입술이 지워지지 않는 환영으로 현신, 철쭉꽃으로 피어서 눈앞에서 미소 짓고 있을까?
 이러한 작품들은 작가의 순박·소탈한 순수 시심의 향기와 인간미가 잘 드러나 있으며, 독자들에게 잔잔한 정서적 감동을 제공해 준다.

3. 미풍양속과 옛정을 그리는 마음

'정체성(正體性, identity)'이란 말은 사물이 지니고 있는 존재의 본질로서, 상당 기간 동안 일관되게 유지 되어온 가치관이나 사회 문화 현상을 말한다.

'가장 한국적인 것이 가장 세계적'이라는데, 길거리 간판과 건물 상호 등은 온통 외국어 투성이이고 아파트와 예식장 이름도 전부 외풍 천지이니 안타깝게도 우리 사회는 우리 고유의 정체성을 잃어가고 있다. 우리 것의 소중함을 깨닫고 그것을 더욱 발전·승화시켜 나간다면 고유의 전통미가 살아나 세계인들에게도 주목을 끌 수 있을 터인데 말이다.

꼬부랑 할미꽃
아려오고 저려 오는 무릎 / 삐그덕이는 어깨 통증
몸이 녹이 슬었는지 / 지탱하던 무릎이 낡은 탓일까
자꾸만 버거워진다

큰 돌을 올려 놓은 듯 / 보이지 않는 물체
농사일에 쉼 없이 달려온 무게일까
빗기지 못한 청춘의 짐 / 아님, 흐릿한 날씨 탓일까

펴지도 못하는 중심축
잔뜩 휘어져 / 버거워서 혼자는 감당 못하고
부리지도 못하는 짐
직업병에 시달리는 노구로다
- 「할머니의 짐」

이 글을 읽으면 송강 정철의 옛시조가 떠오른다.

"이고 진 저 늙은이 짐 벗어 나를 주오 / 나는 젊었거늘 돌인들 무거우랴 / 늙기도 설워라커든 짐을조차 지실까". 무거운 짐을 힘겹게 지거나 끌고 길가를 지나가는 할머니의 힘겨운 모습이 눈앞에 생생히 그려진다. 농촌의 할머니들은 오로지 집안과 자식 생각에 자신의 건강은 돌볼 겨를도 없이 풀밭매기 호미질에 집안일과 무거운 짐 나르기 등으로 쫓기다 보니, 어느새 육신은 녹이 슬고 늙어 꼬부랑 할미꽃이 되어 간다. 농사꾼의 농사일로 인한 육신의 고통은 사회적으로 잘 인식되지 못한 직업병이다.

살기 좋은 곳에
아버지에 그 할아버지께서 / 주춧돌 놓으시고
어른님들이 지켜오시던 고향
혈연의 전국 일가들은 / 하시던 일을 모두 멈추고
안부 묻는 웃음에 / 일가들은 벌죽한 웃음이라

살아감은 모두를 잊고
풍요로운 것은 / 지금의 만남이 행복이라
그 행복은 / 조상님의 은덕이니
묘원을 살피면서 풀을 깎고 / 복 짓는 섬김이니
집안과 자손들이 번성하리라
　　　　　　　　 -「복 짓는 것이다」

정체성을 살려내고 미풍양속美風良俗을 전승시키는 것은 우리에게 주어진 시대적 사명이다. 그런데 최근 들어 혈연

가족에 대한 우애나 조상 숭배 정신이 퇴락해 가는 현상이 급격히 나타나고 있다.

  농심 시인의 글들을 읽으면 물질주의와 이기주의에 물든 삭막한 현실을 멀리하고 우리 고유의 전통성과 정체성을 찾아가고자 한다.

  특히 묘원을 살피면서 기도하며 현재의 자아를 되돌아보는 것은 복 짓는 일의 첩경이 될 것이다. 농심 시인은 이러한 정도正道를 알고 고향 조상을 잘 섬기며, 혈육 일가들과 우애 있게 지내면서 조상님 은덕에 감사하는 일은 복 짓는 일이며 자손들이 크게 번성하리라 하니, 그 정통성을 살려 나가는 긍정적인 처세관이 크게 감동을 준다.

4. 시선다운 풍류적 시풍詩風과 시상詩想

  농심 오점록 시인의 글은 시선다운 풍류적 시풍의 노래가 많다. 지극히 자연스럽고, 현학적이거나 꾸밈이 없다. 마치 당나라 시선詩仙 이백李白의 풍류가 언뜻 떠오르기도 한다. 이백은 술과 달과 시를 사랑한 낭만적 성향의 풍운아였고, 그의 시는 두보와는 달리 즉흥적이며 서정적이고 자연미를 풍류적으로 노래한 것이 많은데, 농심 시인도 그러한 성향을 닮은 편이다.

    성냥갑 이은 듯 / 붉은 우등열차는 뉘를 싣고서
    덜커덩 덜커덩 / 궤도를 따르는 중앙선
    리듬을 타고 어디를 가는지 / 시월이여!

가을을 향하여 달리는데 / 시월은 어디로 가나

강물도 흐르고 / 구름도 흐르고
팔당댐 물 흐르니 낙엽은 물들어 / 깎아지른 큰 바위에서
헐덕이는 가쁜 숨을 고르고 / 가을에 젖어 가는데
곱게 물들어가는 참나무야 / 시월은 어디로 가나
　　　　　　　　　　　　　- 「시월은 어디로 가나」

　농심 시인의 작품들은 어찌 보면 이백의 '자유분방', 농암 聾巖 이현보의 '자연귀의'가 그 캐릭터다. 세속의 혼탁을 벗어나 자연을 벗하며 유유자적한 삶을 추구하려는 시적 인생관이 순수한 감성을 자극시킨다.
　이 글을 읽으면 또 월령체 고려가요 「동동動動」이 연상되기도 한다. 「동동動動」은 후렴구에 '아으 動動다리'가 나오는데, 이 글에서도 후렴구처럼 반복된 '시월은 어디로 가나'가 등장해 눈길을 끌기 때문이다. 시선 이백이 한때 자유로운 방랑 주유를 했듯, 농심 또한 고향인 남원에 근거를 두고 이따금씩 경향 각지를 주유하며 시선다운 풍모를 내비치고 있다.
　이 글은 어느 가을날 중앙선 열차를 타고 가면서 흔들거리는 열차의 리듬감 속에서 물흐르듯 흘러가는 자아와 자연, 그리고 세월을 하나의 속성으로 보고 물아일체의 상념을 드러낸 글이다, 이러한 수준 높은 시혼을 시적으로 훌륭히 표현해 낸 농심 시인에게 찬사를 보낸다.

　피었네

피었네
월출산 기슭 바위틈에
초롬하게 이슬 머금은 동백꽃
수줍음으로 피었네

피었네
피었네
구름다리 건너고 통천문 지나
월출산 천황봉에
사람꽃 많이도 피었네

바위산 천황봉 / 수많은 사람 꽃이 피었네
보고있어도 보고 싶은 / 상사스러운 나의 동백꽃
은혜로운 꽃이 피었네
        - 「동백화冬栢花」

 이 글은 월출산의 바위틈에 피어난 동백꽃을 의인화하여 노래한 작품인데, 시적인 리듬감과 주제성이 매우 돋보이는 작품이다. '피었네'의 반복 리듬이 마치 김소월의 「산유화山有花」를 닮았으니, 작가의 시적 감흥이 얼마나 경지에 올랐는지 가늠이 간다.
 구름다리 건너 통천문 지나면 천황봉에 사람꽃도 많이 피었다니, 역시 꽃과 사람은 하나이며, 인정 많은 작가의 눈에는 그것이 또한 '사랑꽃'으로도 감지 되어 '상사스럽고 은혜로운 나의 꽃'이란다. 우화등선羽化登仙하여 마치 신선이 된 듯, 구름다리 건너고 통천문을 지나고 별천지 천성에 올랐으니, 작가의 초월적 달관의 정서와 그 시상의 세계가 놀라워 큰 감동을 불러 일으킨다.

5. 일상에서 건져 올린 깨달음의 순수 미학

송나라 구양수는 '시궁이후공詩窮而後工'이라 하였다. 글이란 곤궁함을 겪은 이후에라야 잘 써진다는 말이다. 공자께서도 사람의 능지能之 부류를 '생이지지生而知之, 학이지지學而知之, 곤이지지困而知之' 셋으로 분류하였는데, '나면서부터 다 아는 이, 배워서 아는 이, 곤궁함을 겪어야 아는 이'가 그것이다. 성인聖人이라야 태어나면서부터 세상 이치를 다 알겠지만, 평범한 일반인들은 배워서 터득하고 곤궁함을 겪은 후에야 세상 이치를 터득할 수 있을 것이다.

일상과 다름없는
내게 주어진 출근
하늘은 낮게 드리워진 잿빛
왠지 가볍지 못한 출근
답답한 가슴은
버거움을 부리지 못하면서
이유 없는 투정이다

아픔을 잠재우려
가벼이 머리를 흔들어 보고
단추를 풀어보고
훌훌 남김없이 털어 보려지만

걸러지는 술지게미 마냥
그 버거운 짐
부릴 곳을 찾고 있다.

- 「굴레」

인생을 살다보면 답답하고 짜증 나는 일이 많다. 할 일은 태산같은데 마음먹은 대로 되는 일은 없고 나이 들어 썩어진 속내를 호소할 곳도 없으면 더욱 가슴팍은 상해만 간다. 이유 없는 투정과 화풀이는 그 부산물이다.

이 글은 삶의 무거운 짐을 지고 일터에 나아가야 하는 화자가 그 버거움을 감당키 어려워 고심하면서 스스로를 달래면서 털어내려 시도해 보지만 마음대로 되지 않기에, 그 휘청거리는 내면 상태를 심리적으로 잘 그려낸 작품이다.

다산茶山 정약용은 '시문학 없이 평화는 없다'라고 하였다. 숙명처럼 짊어진 삶의 굴레를 벗어나고자 하는 평범한 보통 사람의 몸부림, 끓어오르는 분통과 무거운 삶의 무게, 그리고 내면 갈등을 시로써 풀어 카타르시스를 느껴보고자 하는 화자의 의도가 반영된 듯한 작품이다.

머물고 싶은 구름은 / 그곳에 오래 머물지 못하고
매끈하고 팽팽하여 / 고귀한 그 모습
오래도록 간직하고 싶지만
간직할 수 없음이니

예정된 만남도 / 약속처럼 얄궂게 비껴가는 것

> 생각대로 안 되는 것이 / 세상에 수많은 일들
> 하늘에 뜬 구름 마냥
> 인간 만사가 다 그렇더라.
> 　　　　　　－「그렇다! 사는 것이」

　이 글의 주제는 선명하다. 인간 만사가 다 마음먹은 대로 안된다는 것이다. 머물고 싶은 구름이 어찌 한 군데만 머물 수 있단 말인가? 하늘에 뜬 구름 마냥 바람결 타는 인간사가 다 그렇단다.
　평범 속의 진실과 깨달음의 미학이 발견되어 잔잔한 감동과 공감대가 형성되는 인상 깊은 작품이다.

　이밖에도 농심 시인은 작품 「산다는 것은」에서 실수할 수 있는 것이 사람이며, '산다는 것은 미완성의 인생이다'라고 노래하고 있으며, 「엇박자 세상」에서는 식사 문화와 현대 핵가족의 예를 들어, 너와 나는 잣대가 서로 다른 엇박자 인생임을 안타깝게 여기고 있다. 또, 「참 마음」이란 글에서는, '걸레는 아무리 헹구어도 걸레이고, 두 번 세 번 빨아도 걸레는 걸레라'라고 그 본질을 말하면서, 행주는 될 수 없지만 웃음 주는 얼굴로 이끌어주고 '구석구석 찾아다니며 제 몫을 다하고 있으니 얼마나 고운 마음인가'라고 찬미하고 있으니, 일상의 평범 속에서 느끼는 깨달음의 미학이 반짝반짝 빛나고 있다.

6. 사랑과 미움의 언저리에 핀 시심의 꽃

 사랑과 미움은 상보관계다. 사랑이 있으면 미움의 싹이 트게 마련이고, 미움의 싹이 터야 사랑은 더욱 견고하게 자라기도 한다. 사람이 불완전하듯 사랑이 어찌 완전할 수가 있으랴. 그의 사랑 연가는 여러 곳에서 드러나고 있는데, 골라서 분석해 보기로 한다.

> 살아가면서
> 생각만 해도 뜨거워 위로가 되고
> 둘만의 은어 속 불 켜진 창
> 외로울 때 만나는
> 방 한 칸 있는 집 있었으면
>
> 생각만 하여도
> 가슴을 지피어 쿵쾅이며
> 포근히 감싸 줄
> 그런 그러구한 연인
> 한 사람 있었으면
>
> 일상에 지쳐서
> 기대면 힘들다 아니하고
> 달콤한 유혹에도 지조로 살았지만
> 나에게 쉽게 무너지는 연인
> 한 사람 있었으면…
> 　　　　　－「한 사람쯤 있으면 」

 이 작품은 독자들에게 상당히 깊은 인상을 준다. 인간의 본능인 사랑 욕구를 아주 소박하고 진솔하게 순수한 마음으로 읊어냈기 때문이다. 진실한 사랑은 고대광실이나 휘황찬란한 환경을 요구하지도 않고 그저 둘만의 속삭일 수 있는 방 한 칸이면 족하다. 외로울 때 위로받고 포근히 감싸줄 그런 한 사람뿐이다.

이 글에서 가장 강렬한 인상으로 다가오는 시구는 "나에게 쉽게 무너지는 연인"이다. 조건 없이 나를 좋아하고 따르는 그런 연인이 그리운 것이다. 연의 말미에 그런 연인, "한 사람 있었으면"하는 소박한 작가의 사랑 감성이 더욱 애절하게 느껴진다. 지나친 꾸밈이 없고 순수한 사랑 감성으로 펼쳐나간 필치가 공감이 가는 작품이다.

우리는 두물머리에서 만나
강원의 북한강
충청의 남한강

두 곳에서 흘러온 강
팔당댐이 된
호수에 흰구름
호수와 하늘에서 서로 노닐 듯

남자랑
여자랑
두물머리 호수에서
둘이 만나서 노닐고 싶다
　　　　- 「양수리에서 만나」

'두물머리'는 남한강 북한강 두 갈래의 물줄기가 한데 모이는 지점을 말하며, 경기도 양평에 있는 명소다. 작가가 이 명소를 시제로 삼은 것은 상징적인 의미가 무척 크다. 사랑은 상대적이지만 두물머리처럼 남녀 둘이 만나는 것이며, 둘만이 노니는 것이기 때문이다. 이백의 시상처럼 상당히 낭만적이고 풍류적이어서 무척 친근감이 가는 연가풍의 노래이다.

한 번쯤
숨 쉬는 소릴 듣고픈 이 시각
궁금은 남지만
소리통으로 대신하면서
섭섭한 미움
찬바람은 머리를 스치고
애증을 곰삭이며
맘을 지긋하게 눌러 다독인다.

무심코 던진 한마디
보루퉁하고 토라진 모습은
말도 없이
시선은 허공에 띄우고서
시선을 돌린 채
잘가라 숨죽인 듯 인사말에
열차 떠나도록 보았지만
고무줄 게임 사랑이다
　　　　　－「미움의 언저리」

이 글의 작시 배경은 사랑과 미움의 언저리에서 쓸려 나온 상황 심리다. 사랑이 어찌 좋은 순간만 있단 말인가. 사랑은 고무줄 게임이다.

뾰로통하고 토라진 모습에 시선을 돌린 채 숨죽인 듯한 인사말을 건네고 헤어져, 열차 떠나도록 서성였지만, 무언가 아쉬움이 가라앉지 않은 작별이었다. 그러기에 화자는 사랑은 밀고 당기는 '고무줄 게임'이라고 자위하면서 미움의 언저리를 읊조리고 있다. 이 글은 남녀간의 미묘한 사랑 심리와 애증 상황을 시적으로 수준 높게 형상화시킨 감성미 넘치는 작품이다.

지금까지 농심 오점록 시인의 시집 〈행복한 지리산〉에 실릴 작품들을 주제별로 대표적인 시들만을 선정하여 분석하여 보았다.

작가 오점록 시인은 지리산이 낳은 농심의 아들로서, 품성이 소탈·겸손하고 순수하여 그 후덕함에 정감이 가고, 인간미 넘치는 작가이다. 특히, 평범한 일상 속에서 건져 올린 진실과 깨달음의 미학은 묵정밭의 사금파리처럼 반짝반짝 빛나, 독자들에게 삶의 이정표를 제시해 주고 있다.

아무쪼록, 이번에 상재되는 시집 〈행복한 지리산〉이 정서적으로 메마른 인생을 살아가는 현대인들에게 참 소망의 불빛을 제공해 주는 멋진 길잡이가 되어주길 바란다.

甲辰年 10월, 三益齋에서 曉峯 撰